ÉTUDE

SUR

LE RÉGIME COMMERCIAL ET DOUANIER

DES COLONIES ET DE L'ALGÉRIE

PROPOSITION DE LOI

De M. Léon PEULEVEY, député

ET DE QUELQUES-UNS DE SES COLLÈGUES

PARIS

IMPRIMERIE EDMOND ROUSSET ET CIE

7, RUE ROCHECHOUART, 7

1884

ÉTUDE

SUR

LE RÉGIME COMMERCIAL ET DOUANIER

DES COLONIES ET DE L'ALGÉRIE

PROPOSITION DE LOI

De M Léon PEULEVEY, député

ET DE QUELQUES-UNS DE SES COLLÈGUES

ETUDE

SUR

LE REGIME COMMERCIAL ET DOUANIER
DES COLONIES ET DE L'ALGÉRIE

PROPOSITION DE LOI
de M. Léon PEULEVEY, député
ET DE QUELQUES-UNS DE SES COLLÈGUES

L'article premier de la proposition de loi de M. Peulevey est ainsi conçu : « Les colonies auxquelles s'applique le sénatus-consulte du 4 juillet 1866 ne pourront, en aucun cas, remplacer les droits de douane par des droits d'octroi de mer. Ces colonies auront le même régime douanier que la métropole, et la perception des droits de douane, de même que celle des droits d'octroi de mer, se fera au profit de la colonie. »

Pour bien comprendre la portée de cette disposition, il faut tout d'abord rappeler le texte de l'article 2 du sénatus-consulte du 4 juillet 1866 :

« Art. 2. Le conseil général des colonies (la Martinique, la Guadeloupe et la Réunion) vote les tarifs d'octroi de mer sur les objets de toute provenance, *ainsi que les tarifs de douane* sur les produits étrangers, naturels ou fabriqués, importés dans la colonie.

« Les tarifs de douane votés par le conseil général sont rendus exécutoires par décrets de l'empereur rendus en conseil d'Etat. »

Il résulte de cette disposition que si les conseils généraux votent des tarifs de douane sur les produits étrangers, ces tarifs devront être rendus exécutoires par un acte que l'on assimilait en 1866 à un acte de la souveraineté nationale, un décret de l'Empereur, le conseil d'État entendu ; mais si les conseils généraux refusent de voter les tarifs de douane sur les produits étrangers, la souveraineté nationale n'a rien à y voir, et les produits étrangers pénètrent dans nos colonies au même titre que les produits français : c'est ce que l'on appelle *la grande politique coloniale*, la politique économique qu'il faut appliquer *à la lumière des principes ! !*

Eh bien! nous ne craignons pas de l'affirmer, c'est là une politique stupéfiante, insensée, ridicule, qui n'a absolument rien à faire avec les principes du libre-échange ou de la protection ; et si l'on voulait se dégager de ces préoccupations néfastes qui absorbent toute la politique économique dans des formules, on reconnaîtrait aisément qu'il ne s'agit là que de régler les rapports de la métropole avec ses colonies, c'est-à-dire d'une question d'administration intérieure et de souveraineté. Mais il faudrait avoir le courage de porter la main sur toute cette législation coloniale, surannée, incohérente, arbitraire, vivant de décrets et d'arrêtés, qui est non seulement la négation de la souveraineté nationale, en ce qui concerne les intérêts sacrés et inaliénables de la métropole, mais qui constitue le régime le plus excessif, le plus abusif des majorités locales, sans contrôle.

Et qu'on ne dise pas que nous forçons ici le tableau ! Non, rien ne saurait approcher des éléments dissolvants que renferme notre législation coloniale ; et nous nous demandons si l'autorité des traditions est telle qu'il soit absolument impossible de faire pénétrer un rayon de lumière sur ces vieilles institutions du passé, ou s'il faut un effort surhumain pour faire comprendre aux législateurs du pays que ce n'est plus la métropole qui légifère pour régler ses rapports avec ses colonies, mais que ce sont les colonies qui légifèrent par rapport à la métropole Or, nous ne craignons pas de le dire, les pouvoirs qui leur sont conférés en matière d'impôt sont tellement exorbilants, que l'on a peine à se les expliquer quand on en connaît le mécanisme.

Il semblerait vraiment que le département de la marine et des colonies n'a eu qu'une préoccupation : échapper aux charges des colonies, en leur donnant un gouvernement autonome au point de vue budgétaire ; et les choses ont été poussées à ce point que l'on ne s'est pas même demandé si la souveraineté locale abandonnée aux colonies s'exercerait au plus grand profit de la prospérité coloniale, ou si, dans tous les cas, elle pourrait s'exercer sans compromettre gravement les intérêts de la métropole. Non, rien de tout cela n'a pénétré l'esprit du gouvernement en 1866 ; on a marché à la lumière de ce que l'on appelait la grande réforme économique ; on a fait des colonies françaises de petites puissances, réglant elles-mêmes leurs rapports commerciaux avec l'étranger, et imposant leurs tarifs douaniers à la métropole, sous forme d'octroi de mer. On a fait plus : on a donné aux conseils généraux, *sans limitation de pouvoirs*, le droit de voter *les taxes et contributions de toute nature* nécessaires pour l'acquittement des dépenses de la colonie ; (art. 1er) et le budget est délibéré par le conseil général et arrêté par le gouverneur, sans aucune espèce de réserve au profit de la souveraineté nationale (art. 5). On n'a pas même conservé le droit de regard et de sanction que l'article 57 de la loi du 10 août 1871 réserve au gouvernement sur les budgets départementaux. Là, tout est libre ; les taxes et contributions arbitraires, et sans limites, voilà le droit. De là, les droits d'octroi de mer, frappant les produits français comme les produits étrangers, et la suppression des droits de douane sur les produits étrangers ; de là aussi l'établissement des droits de sortie sur les sucres et les tafias, en remplacement de la taxe directe sur les terres et bâtiments employés à la culture.

Or, c'est avant tout sur ces trois points qu'il importe d'appeler tout particulièrement l'attention du gouvernement et des Chambres, à l'occasion de la proposition de loi de M. Léon Peulevey, parce que cette proposition, relative au droit que les colonies se sont arrogé de supprimer les taxes de douane sur les marchandises étrangères, soulève une question de souveraineté nationale, et que fatalement la solution de cette question s'enchaîne avec le droit exorbitant qui leur a été concédé de voter toutes les taxes et contributions qui leur paraissent nécessaires. Et, chose étrange! quand un pareil droit a été revendiqué par certains promoteurs de l'automonie communale, c'est à peine si les pouvoirs publics ont jugé ces revendications dignes de leur attention, tant il apparaît d'évidence que le droit de frapper des impôts ne peut appartenir qu'à la souveraineté nationale. Et, en effet, si les communes, comme les départements, ont été autorisées à se créer quelques ressources spéciales, en dehors de celles expressément déterminées par la loi, ce n'est que dans des limites étroites et sur des bases nettement précisées.

On peut donc se demander par quel renversement des notions les plus élémentaires du droit politique, le gouvernement de la France en est arrivé à abdiquer l'une des plus importantes prérogatives de la souveraineté, lorsqu'il a remis à nos colonies le pouvoir de légiférer en matière de douanes et d'impôts; et ce n'est pas encore là ce qu'il y a de plus anormal dans notre législation coloniale : la sentimentalité a eu sa part; et l'on en est arrivé à ce point que si la métropole n'a conservé aucun droit de contrôle ni sur la suppression des droits de douane, ni sur les taxes et contributions de toute nature que les conseils généraux peuvent imposer à nos colonies, ces mêmes colonies sont représentées dans les Chambres françaises pour y voter tous nos impôts.

Voilà la situation générale. Pénétrons maintenant dans les détails.

<h3 style="text-align:center">§ Ier.</h3>

SUPPRESSION DES DROITS DE DOUANE SUR LES PRODUITS ÉTRANGERS.

Le sénatus-consulte du 3 mai 1854, sur la constitution de nos trois grandes colonies, contenait les dispositions suivantes :

« Art. 4. — Les lois concernant le régime commercia
des colonies sont votées et promulguées dans les formes
prescrites par la constitution de l'empire.

« Art. 5. — En cas d'urgence et dans l'intervalle des
sessions, le gouvernement peut statuer sur les matières
mentionnées en l'art. 4, par décrets rendus dans la forme
de réglement d'administration publique ; mais ces décrets
doivent être présentés au Corps législatif, pour être con-
vertis en lois, dans le premier mois de la session qui suit
leur publication.

« Art. 13. — Le conseil général vote : 1° les dépenses
d'intérêt local ; 2° les taxes nécessaires pour l'acquittement
de ces dépenses et *pour l'acquittement, s'il y a lieu*, de la contribution due à la métropole, *à l'exception des tarifs de douane,
qui seront réglés conformément à ce qui est prévu aux art. 4 et 5.* »

Notons en passant que, d'après ce sénatus-consulte, les
maires, adjoints et conseillers municipaux des communes
étaient nommés par le gouverneur (art. 11), lequel, était-il
dit, représentait l'empereur et était dépositaire de son
autorité (art. 9), et que le conseil général (art. 12) était
nommé moitié par le gouverneur et moitié par les conseils
municipaux (nommés eux-mêmes par le gouverneur) ; de
sorte que les tarifs de douane ne pouvaient être réglés que
par des lois, et que les taxes et contributions de toute
nature, nécessaires à l'acquittement des dépenses d'intérêt
local, ne se trouvaient en réalité votées que par des délé-
gués du souverain.

L'article 16 prenait même à cet égard certaines précau-
tions qu'il est utile de rappeler : « Les budgets et les tarifs
des taxes locales, arrêtés par le conseil général, ne seront
valables qu'après avoir été *approuvés par les gouverneurs*, qui
sont autorisés à y introduire d'office *les dépenses obligatoires*
auxquelles le conseil général aurait négligé de pourvoir, à
réduire les dépenses facultatives, *à interdire* la perception
des taxes *excessives*, ou *contraires à l'intérêt général* de la colonie... » Ce qui revient à dire que le gouverneur, *dépositaire
de l'autorité de l'empereur*, était en réalité seul législateur, en
matière de taxes et de contributions.

Quoi qu'on puisse dire de ce régime, il s'exerçait toutefois au nom de la souveraineté nationale.

En 1866, cette souveraineté va faire place à l'abdication la plus absolue : il y aura bien encore une apparence de *dominium*, en ce sens que c'est toujours le gouverneur qui nomme les conseils municipaux et la moitié du conseil général ; mais l'article 1er du sénatus-consulte du 4 juillet contient la disposition suivante : « Le conseil général vote les taxes et contributions de toute nature nécessaires pour l'acquittement des dépenses de la colonie. » « Les délibérations prises sur ces diverses matières *sont définitives,* et *deviennent exécutoires* si dans le délai d'un mois, à partir de la clôture de la session, le gouverneur n'en a pas demandé l'annulation pour *excès de pouvoir*, pour *violation* d'un sénatus-consulte ou d'un règlement d'administration publique. »

Mais comme les décrets rendus sous forme de règlements d'administration publique n'ont jamais fait qu'indiquer le mode d'assiette et les règles de perception, il en résulte que les taxes et contributions peuvent être, quant aux chiffres, ce qu'il plaît aux conseils généraux ; et, si excessives qu'elles soient, si contraires qu'elles puissent être aux principes d'égalité en matière d'impôts, ou aux règles les plus élémentaires de l'économie politique, dans les rapports des colonies avec la métropole, on conçoit qu'il n'y a jamais violation d'un sénatus-consulte ou d'un règlement d'administration publique ; et quelles que soient les conséquences d'une pareille législation, la métropole doit les subir.

Encore une fois, ce n'est plus la métropole qui légifère pour ses colonies, ce sont les colonies qui légifèrent pour la métropole ; et le principe du droit de souveraineté, en matière de régime commercial, si expressément réservé par les art. 4 et 13 du sénatus-consulte du 3 mai 1854, se trouve absolument abandonné.

C'est contre un pareil abandon que la proposition de loi de M. Léon Peulevey se propose de réagir : il demande d'abord que les colonies ne puissent légiférer en matière de douanes ; et puisque la question est posée sur le régime commercial des colonies, il demande que ce régime ne puisse être réglé que par des lois, conformément aux dispositions de l'art. 4 du sénatus-consulte de 1854.

Mais il ne suffit pas d'avoir mis en relief tout ce qu'il y a d'exorbitant dans la législation actuelle, au point de vue des principes, il faut en signaler les conséquences économiques.

Le tableau suivant relève les exportations de la France en Algérie et dans les autres colonies en 1860 et en 1881 :

	1860	1881
Algérie.	152 900.000	160 900.000
Sénégal	7.400.000	9.300.000
Indes françaises. .	600.000	800.000
Cochinchine . . .	» »	4.600.000
La Réunion . . .	25.800.000	8.000.000
Sainte-Marie, Mayotte, Nossi-Bé .	500.000	400.000
La Martinique . .	20.500.000	12.800.000
Guadeloupe . . .	18 800.000	11.800.000
Guyane.	4.700.000	6.500.000
St-Pierre, Miquelon	7.500.000	3.700.000
Totaux . . .	238.700.000	218.800.000

Notre exportation aux colonies est donc inférieur de 20 millions à ce qu'elle était il y a 21 ans, malgré tous les sacrifices que s'impose la Métropole et malgré le développement des relations commerciales dans tous les pays.

Nous n'exportons que pour 8 mililons de plus qu'en 1860 en Algérie, dont le commerce s'est accru successivement au profit de l'étranger. En effet, le commerce de l'Algérie s'établit ainsi :

	1860	1881
Importations françaises .	152.900.000	160.900.000
Importations étrangères.	18.100.000	99.700.000

Pendant que notre importation n'a augmenté que de 8,000,000 de francs, l'importation étrangère s'est accrue de 81,000,000 francs !

Les trois colonies dont le commerce nous échappe de plus en plus sont celles de la Réunion, de la Martinique et de la Guadeloupe où l'octroi de mer, que nous payons, a remplacé les droits de douane auxquels les produits étrangers étaient seuls soumis.

MARTINIQUE

De 20,500,000 francs, notre exportation à la Martinique est tombée à 12,800,000 francs. Le tableau suivant indique les exportations des principaux articles français en 1860 et en 1881 :

	1860	1881
Tissus de lin et de chanvre .	937.000	172.000
Beurre salé	1.164.000	525.000
Outils et ouvrages en métaux	741.000	432.000
Habillements et lingerie . .	1.241.000	465.000
Tissus de coton	1.214.000	352.000
Poteries, verres, cristaux .	529.000	259.000
Peaux préparées et ouvrées.	2.016.000	1.914.000
Tissus de laine	524.000	176.000
Médicaments composés . .	220.000	152.000
Chandelles	323.000	Néant.
Tissus de soie	547.000	Néant.

GUADELOUPE

De 18,800,000 francs, notre exportation à la Guadeloupe est tombée à 11,800,000 francs. Voici le tableau des principales exportations françaises à la Guadeloupe :

	1860	1881
Tissus de laine	350.000	308.000
Tissus de soie	342.000	Néant.
Peaux préparées et ouvrées.	1.478.000	2.623.000
Tissus de lin et de chanvre .	748.000	217.000
Vêtements et lingerie . . .	1.079.000	445.000
Mercerie	263.000	507.000
Tissus de coton	1.428.000	306.000
Beurre salé	824.000	477.000
Outils et ouvrages en métaux	693.000	445.000
Poteries, verres, cristaux .	484.000	196.000
Machines et mécaniques. .	59.000	192.000
Huile d'olives	1.990.000	19.000

RÉUNION

De 25,800,000 francs, notre exportation à la Réunion est descendue à 8,000,000 de francs.

Voici les chiffres qui concernent la Réunion :

	1860	1881
Meubles	158 000	Néant.
Articles divers de l'industrie parisienne.	955 000	Néant.
Huiles	435.000	40.000
Tissus de laine	930.000	355.000
Tissus de coton	2.003.000	420.000
Vêtements et lingerie . . .	2.199 000	190.000
Outils et ouvrages en métaux	1.309.000	312.000
Papiers, livres, gravures. .	303.000	190.000
Tissus de lin et de chanvre .	196.000	150.000
Peaux préparées et ouvrées.	1.745.000	870.000
Poteries, verres, cristaux .	438.000	128.000
Poissons marinés	464.000	386.000
Machines et mécaniques. .	930.000	53.000
Viandes salées	1.684.000	291.000
Tissus de soie	443.000	Néant.

Les chiffres pour l'année 1882 ne sont pas moins démonstratifs.

MARCHANDISES	FRANCE COMMERCE SPÉCIAL	ÉTRANGER
	FRANCS	FRANCS
Vins..	2 501 650	»
Peaux préparées et ouvrées....................	2 213.606	21.390
Tissus, passementerie et rubans de coton......	427 732	536.774
Huiles fixes pures......	63.206	268.490
Outils et ouvrages en métaux..................	556 230	93.658
Beurre salé....................................	650 110	266.672
Tissus, passementerie et rubans de lin et chanvre	330 175	169.353
Orfévrerie et bijouterie d'or et d'argent........	513.080	»
Céréales (grains et farines) maïs..............	88.133	2.195.648
Tissus, passementerie et rubans de laine.......	310 167	32.104
Engrais..............................	352.525	103.560
Tablatterie, bimbeloterie, lorgnettes, éventai s. boutons....	316 217	»
Eaux-de-vie, esprits et liqueurs....	95.785	486.253
Vêtements et pièces de lingeries cousu s.......	292 480	»
Bougies...	25.320	»
Papier, carton, livres et gravures........	272 166	»
Savons autres que ceux de parfumerie........ ...	261 466	»
Riz........	149 952	816.075
Tourteaux de graines oléagineuses.............	233 557	«
Machines et mécaniques	146 433	34.761
Légumes secs et leurs farines, pommes de terre.	227 921	69.480
Poterie, verres et cristaux..................	197.834	»
A R·porter........	10 221. 778	.5 091.246

TATIONS
à la Martinique, en 1882

MARCHANDISES	FRANCE COMMERCE SPÉCIAL	ÉTRANGER
	FRANCS	FRANCS
Report............	10 221.773	5.094.246
Fromages................................	171.081	»
Médicaments composés....................	188.717	»
Sucres raffinés et bruts, mélasse.............	180.872	1.710.689
Cordages de chanvre.....................	137.147	»
Nitrates de potasse et de soude et produits chimiques pour engrais	121.332	593.680
Légumes verts, salés ou confits..............	114.302	19.792
Noir animal	89.451	»
Pain et biscuit	»	134.490
Tabac en feuilles et fabriqué...................	»	310.698
Bois à construire, de teinture et d'ébénisterie...	»	1.279.248
Houille crue...........................	»	459.099
Pétrole................................	»	193.270
Chevaux et juments.....................	»	49.000
Mules et mulets........................	»	216.600
Bustiaux, moutons, etc.	»	861.877
Viandes salées ,........................	»	355.959
Poissons salés	»	1.689.351
Café...................................	»	727.916
Vins de liqueur, bière.................	»	43.455
Autres articles........................	1.680.229	1.148.141
TOTAL	12.914.909	14.389 511

MARCHANDISES	FRANCE COMMERCE SPÉCIAL	ÉTRANGER
	FRANCS	FRANCS
Peaux préparées et ouvrées............	2.137.267	82.092
Vins et vins de liqueurs..........	2.103.198	152.258
Tissus, passementerie et rubans de coton......	329.625	817.895
Tissus, passementerie et rubans de lin jute ou chanvre	617.510	272.570
Outils et ouvrages en métaux...............	507.928	232.669
Huile d'olive et de graines grasses	59.910	597.323
Beurre salé....	698.410	»
Vêtements et piéces de lingeries cousues,......	649.014	30.816
Tissus, passementerie et rubans de laine et de soie.	469.330	87.206
Machines et mécaniques....................	188.261	180.777
Tabletterie, bimbelotterie, lorgnettes, éventails et boutons...........................	405.670	28.444
Papier, carton, livres et gravures.......	271 258	»
Céréales, (grains et farines) maïs.............	242.042	2.316.163
Poteries, vers et cristaux	230.359	»
Engrais de toute sorte,......	248.241	266.863
Bijouterie d'or, de platine et d'argent, horlogerie..	246.616	54.045
Savons autres que ceux de parfumerie	239.903	»
Médicaments composés.........	236.748	»
Fromages................................	177.545	»
Eaux-de-vie, esprits et liqueurs...............	140.078	17.985
Report.... ..	9.707.192	5.137.136

TATIONS
à la Guadeloupe, en 1882

MARCHANDISES	FRANCE COMMERCE SPÉCIAL	ÉTRANGER
	FRANCS	FRANCS
A Reporter......	9.... .192	5.187.106
Chapeaux de Feutre.............	133.670	»
Cordage de chauvre.............	87 266	30.949
Modes, mercerie, parapluies, etc........	101.940	77.828
Poissons......	76.703	633.010
Phosphates traités par l'acide sulfurique..	87.142	»
Biscuits de mer.............	»	215.300
Légumes sec, racines alimentaires	»	61.899
Riz	»	.1221.891
Tabac.............	»	255.322
Bois à construire et d'ébénisterie.............	»	1.047.519
Houille	»	967.452
Chevaux.............	»	67.690
Mules et mulets.............	»	342.400
Anes et ânesses.............	»	16.610
Bœufs et vaches.............	»	728.900
Viandes salées.............	»	405.165
Graisses, suifs et saindoux.............	»	215.481
Huile de pétrole et de suinte	»	205.709
Autres articles.............	2.013.657	1.020.887
TOTAL	12.694.291	12.651.211

MARCHANDISES	FRANCE COMMERCE SPÉCIAL	ÉTRANGER
	FRANCS	FRANCS
Vins..	1.617.346	432 741
Peaux préparées et ouvrées	973 645	120 765
Outils et ouvrages en métaux................	397.062	141.833
Tissus, passementerie et rubans de coton	447.186	937.890
Tabletterie, bimbeloterie, lorgnette, etc.........	556.150	»
Machines et mécaniques......................	319.317	156 198
Tissus, passementerie et rubans de laine.......	419 491	135.600
..pier, carton, livres et gravures	326.501	»
Graisses de toute sorte	325.358	884.349
Engrais.......................................	243.393	121 649
Vêtements et pièces de lingerie cousues........	226.990	»
Poissons secs, salés ou fumés.................	225.645	325.163
Bois communs	224.360	»
Savons autres que ceux de parfumerie.........	160.405	»
Sulfate de quinine	137.360	»
Poteries, verres et cristaux...................	125.863	»
Beurre salé...................................	108.167	»
Huiles fixes pures	51.442	127.239
Eaux-de-vie, esprits et liqueurs	84 809	»
A Reporter.....	6 670 490	3.383.427

TATIONS
à la Réunion, en 1882

MARCHANDISES	FRANCE COMMERCE SPÉCIAL	ÉTRANGER
	FRANCS	FRANCS
Report. .	6 970.490	3 383 427
Tissus, passementerie et rubans de chanvre....	70 402	»
Viandes salées..................	83.794	180 585
Cordages de chanvre	81.498	»
Mules et mulets..................	»	56.700
Bœufs..........................	»	433.200
Froment en farine et en grains.............	»	797.658
Grains et d'holls	»	405 627
Légumes secs...	»	171.351
Riz......................... ...	»	1 256 432
Fruits secs	»	201.204
Tabac en feuilles	»	90.604
Opium......	»	42.185
Lichens tinctoriaux	»	99.554
Houille crue.................... ...	»	402.220
Huile de pétrole et de schiste..............	»	401 250
Bière.....................	»	77 363
Tissus de soie	»	69.400
Autres articles...................	1 185.730	1.937.790
Totaux...	8 391 923	12 906.550

Si nous voulions résumer par un mot les chiffres qui précèdent, nous pourrions emprunter à M. Félix Faure l'une des constatations que renferme la proposition de résolution par lui déposée sur le bureau de la Chambre, le 27 juin 1882, tendant à faire nommer une commission de 33 membres pour étudier le régime des colonies françaises. Il disait, à la page 8 de l'exposé des motifs :

« Enfin les statistiques commerciales accusent dès à présent :

Importations (dans les colonies).	261,675,000 fr.
Exportations (des colonies) . . .	303,895,000
Soit un ensemble de . . .	565,570,000 fr.

« Sur ces chiffres, la France ne compte que pour 90,714,000 fr. dans l'importation, et pour 126,475,000 dans l'exportation. »

Ce qui démontre, en prenant les chiffres de la proposition, que les produits étrangers entrent dans l'approvisionnement de nos colonies pour 170,961,000 fr., quand la France ne fournit que 90 millions.

Et l'on trouve qu'il faut examiner cette situation, sans doute pour y applaudir, *à la lumière des principes !*

Nous disons, nous, qu'il faut l'examiner à la lumière des faits, et que nous devons avant tout nous souvenir du droit de souveraineté qui appartient à la métropole.

La circulaire du 24 janvier 1884, quoiqu'elle ait été inspirée par une pensée qui semble approuver quelques-unes des critiques faites dans la proposition de loi, ne nous paraît pas avoir tenu compte de ce droit, lorsqu'elle demande, en quelque sorte comme une grâce, aux conseils généraux des colonies, de vouloir bien prendre en considération les doléances de l'industrie métropolitaine, et de ne pas trop abuser du sénatus-consulte de 1866. Est-ce là l'attitude qu'il convient de tenir ? Et est-il bien possible que notre industrie métropolitaine soit livrée au bon plaisir des conseils coloniaux ? Nous ne croyons pas, quant à nous, que l'on puisse suivre une voie plus funeste et qu'il puisse exister de régime plus contraire à la pensée même qui avait inspiré le sénatus-consulte de 1866.

Que disait en effet l'exposé des motifs que le gouvernement d'alors présentait à l'appui de cette étrange législation ?

« L'île de la Réunion, par l'application des tarifs métropolitains, *a perdu une partie des ressources qu'elle retirait de ses douanes.* Les tarifs métropolitains n'avaient pas, en effet, à se préoccuper d'imposer les graines fourragères, les tissus de coton des Indes. Les intérêts de notre agriculture et de nos fabriques ne le réclamaient pas plus que les intérêts du fisc ; *mais pour la colonie de la Réunion* il en était tout autrement : l'introduction des grains dont on se sert pour l'alimentation des bêtes de trait, ainsi que l'introduction des cotonnades nécessaires aux vêtements des coolies, comptaient pour une somme fort importante dans les recettes de ses douanes, sans que la consommation ait eu à s'en plaindre. »

Ainsi, loin d'avoir voulu que les produits étrangers pussent pénétrer dans nos colonies, affranchis de droits de douane, le législateur de 1866 a pensé que les tarifs de la métropole n'étaient pas suffisamment protecteurs des intérêts coloniaux, et qu'il fallait laisser aux conseils généraux le pouvoir de se protéger plus efficacement. Voilà la vérité ; et s'il en fallait une démonstration plus complète, nous la trouverions encore dans le même exposé des motifs : « Dans tous les cas, disait-on, cette attribution de pouvoirs ne peut qu'être avantageuse aux colonies, *car leurs tarifs de douane seront évidemment établis* par elles au point de vue de leurs besoins, de leur consommation et des ressources financières qu'ils peuvent leur procurer ; et nous la croyons sans danger réel pour la métropole, puisque, d'un côté, *ces tarifs* ne pourront frapper que les produits étrangers, et que, de l'autre, les colonies, par rapport aux exportations de notre industrie, n'offrent pas un marché bien considérable. Ce marché, d'ailleurs, par cela même que les produits étrangers pourront seuls être soumis à des droits de douane, *sera encore un marché protégé pour les produits métropo-litains.* »

Ainsi, aucun doute ne peut exister sur la pensée dominante du législateur : d'un coté, les produits coloniaux et les ressources financières coloniales devaient être plus efficacement protégés ; et de l'autre, le marché colonial devait rester un marché protégé pour les produits métropolitains. Mais on n'avait pas songé qu'à coté des tarifs de douane abandonnés au libre arbitre des colonies, il y avait la faculté pour elles de voter les taxes d'octroi de mer, frappant les produits français comme les produits étrangers, et ce, sans limitation de chiffres, puisque l'article 16 du sénatus-consulte du 3 mai 1854 allait être abrogé ; et les conseils généraux, plus perspicaces que le gouvernement de l'Empire, ne tardèrent pas à s'apercevoir qu'ils pouvaient plus efficacement protéger leurs produits et leurs finances par l'octroi de mer que par les tarifs de douane, et dès le premier jour, le marché colonial qui devait rester un marché protégé pour les produits métropolitains, fut un marché sacrifié. A la Martinique, nos tissus de lin et de chanvre tombent de 937,000 fr. à 172,000 ; le beurre salé, de 1,164,000 à 525,000 ; nos tissus de coton, de 1,214,000 à 352,000 ; les tissus de soie, de 547,000 à néant. A la Guadeloupe, même situation : de 342,000 fr., nos tissus de soie tombent à néant ; nos tissus de coton, de 1,428,000 à 306,000 ; les tissus de lin et de chanvre, de 748,000 à 217,000 ; les huiles d'olive, de 1,990,000 à 19,000. A la Réunion, les meubles tombent de 158,000 fr. à néant ; les articles de l'industrie parisienne, de 955,000 fr. à néant ; les viandes salées, de 1,684,000 à 291.000 fr. ; les tissus de soie, de 443,000 à néant..! etc etc.

Que dire de plus, sinon que de 1866 à la chute de l'Empire, il y avait encore un semblant de souveraineté nationale dans ce gâchis législatif, puisque le gouverneur, dépositaire de l'autorité de l'empereur, tenait en quelque sorte les conseils généraux dans sa main, par la nomination des conseillers municipaux, électeurs pour moitié des conseils généraux, et par la nomination qu'il faisait directement de l'autre moitié ? Mais, depuis que le suffrage universel a remplacé cette organisation autoritaire, où est la souveraineté de la France dans ses rapports commerciaux avec ses colonies ? Qu'est devenu son régime douanier ? Où est son droit de regard, de contrôle et de sanction en matière d'impôts ? Ce sont les colonies qui nous imposent leurs impôts, et qui viennent ensuite légiférer sur les nôtres.

C'est contre un tel état de choses, c'est contre un tel désordre que s'élève particulièrement la proposition de loi déposée à la Chambre.

Mais, dit-on (c'est du moins le système développé dans le 5e bureau par M. Gerville-Réache, député de la Guadeloupe), la proposition de loi de M. Peulevey ne contient rien autre chose qu'une demande de retour à la loi du 3 juillet 1861.

Or, si l'on veut ainsi revenir au régime du passé, il faut le rétablir dans son intégrité et ne pas oublier qu'avec ce régime, les colonies jouissaient d'une détaxe pour leurs sucres de 5 francs par 100 kilos sur le marché métropolitain ; et, partant de cette idée comme d'un droit, l'auteur de cette théorie des détaxes obligatoires, en arrivait à conclure avec des chiffres indiscutables, disait-il, que le trésor métropolitain aurait à perdre de 13 à 14 millions par année !...

C'est pourtant sous l'empire de cette affirmation et des préoccupations qu'elle faisait naître, que le représentant des colonies a reçu le mandat du 5e bureau de repousser la proposition de loi de M. Léon Peulevey.

Qu'y a-t-il de sérieux dans une pareille argumentation, et en quoi la détaxe des sucres coloniaux à leur entrée en France peut-elle avoir quelque rapport avec les tarifs de douane sur les produits étrangers dans nos colonies ? Est-ce qu'il y a là un lien nécessaire, une relation de cause à effet ? La loi du 13 juin 1851 (dix ans avant la loi de 1861) portait dans son article 15 ce qui suit : « Le sucre colonial acquittera 5 francs de moins par 100 kil. que le sucre indigène ». Le décret du 27 mars 1852 modifiait cette disposition législative, sous prétexte d'en faire l'application : « Le sucre colonial acquittera *pendant quatre ans* 7 francs de moins par 100 kil. que le sucre indigène ; et cette détaxe, réduite plus tard à 5 fr. 75, devait prendre fin en 1870. Mais pourquoi ? est-ce à cause de la faculté donnée aux colonies de *voter* les tarifs de douane sur les produits étrangers, *pour les supprimer ?* Pas le moins du monde, et la raison en est bien simple : l'honorable député des colonies qui prétend que M. Peulevey veut faire retour à la loi du 3 juillet 1861 oublie tout simplement que l'article 3 de cette loi permettait bien l'importation aux colonies des marchandises étrangères, sous tous pavillons, mais avec cette condition qu'importées par navires étrangers elles seraient soumises à une surtaxe de pavillon de 30, de 20 et de 10 francs par tonneau d'affrètement ; et qu'aux termes de l'article 6, si les produits des colonies à destination de la France pouvaient être transportés sous tous pavillons, lorsque les transports seraient effectués sous pavillon étranger, il serait perçu une taxe de 30 fr. par tonneau sur les produits en provenance de la Réunion, et de 20 fr. sur les produits en provenance de la Martinique et de la Guadeloupe. Voilà la véritable cause des détaxes consenties dès 1851 : les surtaxes de pavillon et la cherté des frets ; mais comme, aux termes de l'article 5 de la loi du 18 mai 1866, toutes les surtaxes de pavillon devaient disparaître trois ans après la promulgation de cette loi, il n'y avait plus la moindre raison de protéger par une détaxe les sucres coloniaux contre les sucres indigènes. On avait d'ailleurs laissé aux fabricants de sucres coloniaux le temps nécessaire pour s'outiller convenablement et rivaliser avec les fabricants de sucre de France. Mais depuis que les vieux moulins à bras ont disparu, pour faire place aux moulins perfectionnés, mus par la vapeur, et que les rendements obtenus ont dépassé toutes les espérances, on se demande en vérité de quel droit les sucres coloniaux pourraient avoir aujourd'hui la prétention de ruiner la production métropolitaine par le rétablissement de détaxes qui n'ont plus aucune raison d'être (1).

Non, la difficulté n'est pas là ; et elle demeure tout entière dans cette double question : Est-ce à la métropole qu'il appartient de régler son régime commercial avec ses colonies ? Quelles seraient les conséquences budgétaires de l'adoption de la proposition de loi de M. Léon Peulevey ?

Le premier point nous paraît dès à présent résolu par les observations qui précèdent ; le second s'éclairera de l'examen du régime de l'octroi de mer.

§ II.

OCTROI DE MER.

Et d'abord, qu'est-ce que *l'octroi de mer* ? quelle signification peuvent avoir ces expressions pour quiconque a quelque notion de notre législation en matière d'octroi ?

Nous n'avons pas la prétention de remonter à l'origine des choses, mais nous croyons pouvoir dire que la faculté, *octroyée* au profit des villes, de lever certaines taxes sur elles-mêmes pour parer à l'insuffisance de leurs revenus, a donné lieu, dans le principe, à des abus si révoltants qu'il a fallu limiter et réglementer cette faculté. Les vices des tarifs rédigés par les municipalités avaient rendu cet impôt si impopulaire que l'Assemblée constituante en avait tout d'abord ordonné la suppression complète ; et l'on comprend d'autant plus aisément cette révolte de l'opinion publique que l'énumération des objets imposés était faite sans choix ni mesure, et que les tarifs étaient livrés à l'arbitraire.

Le décret du 17 mai 1809 régularisa la perception de cet impôt en déterminant les objets sur lesquels les droits pouvaient être établis ; puis vint l'ordonnance du 27 décembre 1814 qui disait dans son article 11 : « Aucun tarif d'octroi ne pourra porter que sur des objets destinés *à la consommation*

(1) Il paraît d'ailleurs inutile de rappeler que les sucres des colonies importés directement en France, n'acquittent que les droits imposés aux sucres indigènes eux-mêmes.

du lieu sujet. Ces objets seront toujours compris dans les cinq divisions suivantes, savoir : 1° boissons et liquides ; 2° comestibles ; 3° combustibles ; 4° fourrages ; 5° matériaux ; » puis la loi du 4 mai 1816, consacrant ces dispositions et les précisant, et enfin le décret du 12 février 1870, déterminant le maximum des taxes que les conseils municipaux peuvent établir, ainsi que la nomenclature des objets sur lesquels ils peuvent maintenir ces taxes.

Telle est la législation en matière d'octrois : taxes de consommation sur certains objets limités, déterminés et destinés à la consommation locale ; détermination d'un maximum d'après un tarif général ; perception sur les objets soumis, qu'ils soient de provenance extérieure ou locale.

Est-ce bien là ce que nous offre la législation coloniale en matière d'octroi de mer ? D'abord, pas de périmètre d'agglomération d'habitants et, par suite, pas de *taxe locale.* L'octroi perçu dans le port pour toute la colonie se répartit tout aussi bien au profit des habitations éparses dans la plaine ou dans la montagne qu'au profit de la ville qui doit entretenir sa voirie, ses établissements publics, ses égouts, ses bibliothèques, ses hospices, etc., etc., et le caractère de taxe locale, *octroyée* à la localité sur les objets consommés dans *la localité*, fait si complétement défaut, que les produits de l'intérieur en sont affranchis. Mais ce n'est pas tout, et nous l'avons déjà dit, l'octroi de mer ne trouve de limites ni dans un tarif fixant le maximum des taxes, ni dans la détermination des objets de consommation, et il suffit, pour s'en convaincre, de jeter un coup d'œil sur l'un quelconque des tarifs d'octroi de mer dans nos colonies.

Prenons pour exemple le tarif de la Martinique :

DÉNOMINATIONS DES PRODUITS	Unités sur lesquelles portent les droits	DROITS
ANIMAUX VIVANTS.		
Chevaux, juments et poulains..........	par tête	20. »
Mules et mulets	»	10. »
Bœufs et taureaux....................	»	7. »
Vaches.. , ...	»	5. »
Bouvillons et taurillons	»	4. »
Génisses et veaux....................	»	3. »
Anes, Anesses et ânons...............	»	2. »
Porcs, béliers, brebis, moutons, agneaux. .	»	1. »
Boucs, chèvres et chevreaux...........	»	50
Volailles { Oies, dindes et dindons.........	»	50
Volailles { Autres...................	la douzaine	1. »
Tortues { de mer.....................	les 100 kil.	6. »
Tortues { de terre....................	la douzaine	50
Animaux autres que ceux ci-dessus dénommés	la valeur	2 p. 100
PRODUITS ET DÉPOUILLES D'ANIMAUX.		
Viandes salées de bœufs et de porcs.......	les 100 kil. n.	3. »
Viandes fumées de bœuf et de porc (langues, jambons et autres.......................	»	8. »
Viandes autres, simplement séchées ou salées, en vrac ou non.....................	»	1. »
Saucissons et conserves en boîtes..........	les 100 k. b.	25. »
Beurre salé { en fréquins ou barils......	les 100 k. n.	7.50
Beurre salé { dans d'autres récipients ...	»	15. »
Graisses { Saindoux...................	»	4. »
Graisses { Suif......................	»	3. »
Graisses { Huile de pieds de bœuf et autres pour machines...............	»	3. »
Fromages............................	»	10. »
Noir animal..........................	»	1 20
Peaux brutes.........................	les 100 k. b	2.50
Guano naturel ou travaillé et produits divers pour engrais.......................		exempt
PÊCHES.		
Poissons { secs salés ou fumés { Morue.............	les 100 kil. n.	3. »
Poissons { secs salés ou fumés { Anchoix...........	»	15. »
Poissons { secs salés ou fumés { Autres............	»	2.50
Poissons { conservés au naturel, marinés ou autrement préparés.......	»	15. »
Graisse de poisson....................	»	3.50
Produits divers pour engrais.............	»	exempt

DÉNOMINATION DES PRODUITS	Unités sur lesquelles portent les droits	DROITS
FARINEUX ALIMENTAIRES.		
Céréales — Froment, épautres, méteil et seigles — grains	les 100 kil. n.	3. »
Céréales — Froment, épautres, méteil et seigles — farines	le b. de 88 kil. 100	5. »
Céréales — Maïs — grains	les 100 kil. n	1. »
Céréales — Maïs — farines	»	3. »
Céréales — Avoines	»	1.50
Pommes de terre	»	50
Légumes secs	»	1.50
Biscuits non sucrés	»	1.50
Pâtes d'Italie	»	4. »
Gruaux et fécules — Farine de manioc	»	50
Gruaux et fécules — Autres	»	3. »
Riz en grains	»	1. »
FRUITS ET GRAINES.		
Fruits de table — frais	les 100 k. n.	2. »
Fruits de table — secs ou tapés	les 100 k. b.	6. »
Fruits de table — confits — au vinaigre	»	5. »
Fruits de table — confits — au sucre ou au miel, confitures sèches ou liquides	»	20. »
Fruits de table — confits — au jus ou à l'eau-de-vie	le flacon d'un litre	20
Fruits de table — conservés par la méthode Appert ou par tout autre procédé analogue sans sucre ni miel	les 100 kil. n.	10. »
Fruits oléagineux (arachides)	»	2.50
DENRÉES COLONIALES.		
Sucre brut blanchi ou raffiné	»	15. »
Mélasse	l'hectolitre	50
Sirops et bonbons	les 100 kil. n.	20. »
Biscuits sucrés	»	15. »
Cacao — en fèves	»	15. »
Cacao — chocolat ou produits simplement broyés	»	20. »
Tabac — en feuilles ou en carottes	»	20. »
Tabac — préparé	»	50. »
Poivre et piment	»	10. »
Vanille	le kil. net	1. »
Cannes à sucres		exempt
Café	les 100 kil. n.	35. »

DÉNOMINATION DES PRODUITS	Unités sur lesquelles portent les droits	DROITS
SUCS VÉGÉTAUX.		
Brai et goudron........................	les 100 kil. b.	50
Essence de térébenthine................	les 100 k. n.	3. »
Huiles fixes pures — d'olives — en paniers........	le p. de 12 1/2 lit.	50
Huiles fixes pures — d'olives — en caisses........	la c. de 12 litres	1.50
Huiles fixes pures — d'olives — en estagnons.....	les 100 kil. n.	10. »
Huiles fixes pures — d'olives — dans d'autres récip.	»	6. »
Huiles fixes pures — de graines grasses, h. de coton	»	12. »
Huiles fixes pures — autres.....................	»	6. »
Sucs d'espèces particulières employés en médecine........................	la valeur	5 pour 100
ESPÈCES MÉDICINALES.		
Racines, herbes, feuilles, fleurs, écorces, lichens, fruits et graines...............	la valeur	5 pour 100
BOIS.		
Bois communs — à construire — du Nord..............	l'hectomètre	2.25
Bois communs — à construire — blancs...............	»	1.50
Bois communs — à construire — autres..............	le stère	4. »
Bois communs — Mâts, mâtereaux et espars (le diamètre pris à la base).........	par centim.	20
Bois communs — Feuillards.....................	les 1,000 brins	1.70
Bois communs — Merrains......................	le mille	7. »
Bois communs — Aissantes — du Nord ou du Walaba............	»	1. »
Bois communs — Aissantes — blanches............	»	30
Bois communs — Bois à brûler et charbon de bois....................		exempts
Bois d'ébénisterie — en bûches ou en billes........	les 100 kil. b.	1. »
Bois d'ébénisterie — en feuilles minces pour placage	»	10. »
Bois de teinture (campêche)	»	40
FRUITS, TIGES ET FILAMENTS A OUVRER.		
Chanvre teillé ou peigné...............	les 100 k. n.	5. »
Coton en laine	»	10. »
PRODUITS ET DÉCHETS DIVERS.		
Légumes — verts (oignons compris)........	»	1. »
Légumes — salés ou confits au vinaigre....	»	5. »
Légumes — conservés par la méthode Appert ou par tout autre procédé analogue	»	15. »

DÉNOMINATION DES PRODUITS	Unités sur lesquelles portent les droits	DROITS
Bulbes (auxx).........	les 100 kil. n.	2. »
Drilles, vieux cordages, etc	»	1.50
Tourteaux de graines oléagineuses..........		exempts
Truffes et champignons { secs,.	les 100 kil. n	15. »
Truffes et champignons { conservés par la méthode Appert ou tout autre procédé analogue....	»	25. »
Son de toute sorte de grains.	»	1. »

PIERRES, TERRES ET COMBUSTIBLES MINÉRAUX.

DÉNOMINATION DES PRODUITS	Unités sur lesquelles portent les droits	DROITS
Marbres et écossines ouvrés { Carreaux	le cent	1.25
Marbres et écossines ouvrés { Plaques pour dessus de meubles	la pièce	1.50
Marbres et écossines ouvrés { Autres.......	la valeur	6 p. 100
Carreaux de terre { commun ... .,.	le mille	2.50
Carreaux de terre { poli ou vernissée et de faïence....	le cent	1, »
Briques à bâtir................	le mille	2. »
Tuiles { plates................	»	1. »
Tuiles { faîtières ou à emboîtement dites de Marseille................	»	3. »
Chaux vive ou éteinte................	les 100 kil. b.	20
Ciment de toute sorte (chaux hydraulique comprise)................	»	50
Plâtre { pour engrais................		exempt
Plâtre { autre................	les 100 kil. b.	50
Goudron minéral	»	50
Houille crue ou carbonisée................	les 100 k. n.	10
Huiles de pétrole, de schiste et autres huiles minérales propres à l'éclairage.............	le litre	10

MÉTAUX

DÉNOMINATION DES PRODUITS	Unités sur lesquelles portent les droits	DROITS
Fer { étiré en barres et en bandes (feuillards). fers d'angle et à T, rails de toutes formes........	les 100 kil. b.	1.50
Fer { tréfilé, fils de fer de toute sorte........	»	4. »
Fer { Laminé ou martelé { tôles planes ou ondulées galvanisées ou non.............	»	1.50
Fer { Laminé ou martelé { fer cuivré, zingué, plombé ou étamé (fer-blanc)........	»	6. »
Fer { Débris de vieux ouvrages.............	»	25
Acier { rails................	les 100 k. b.	2.50
Acier { autres en barres, tôles, bandes, etc..	»	7. »
Cuivre pur ou allié de zinc ou d'étain { en barres, feuilles ou fils.....	»	9. »
Cuivre pur ou allié de zinc ou d'étain { débris de vieux ouvrages	»	4.50

DÉNOMINATION DES PRODUITS	Unités sur lesquelles portent les droits	DROITS
Étain en baguettes, plaques ou saumons....	les 100 kil.	12. »
Zinc laminé................................	»	3.50
PRODUITS CHIMIQUES.		
Sel marin, sel de saline et sel gemme......	»	10
Sels, oxydes et autres produits employés comme couleurs (peinture préparée ou non.	»	4.50
Produits divers employés pour engrais.....	exempt	
Acides, sels et autres produits non dénommés ci-dessus...............................	la valeur	5 p. 100
COULEURS.		
Couleurs pour bâtiments, sèches, liquides ou en pâte (noir de fumée compris).........	les 100 kil.	4 50
Vernis de toute sorte......................	»	15. »
Encre liquide, à écrire ou à imprimer.......	»	12.50
COMPOSITIONS DIVERSES.		
Parfumerie de toute sorte..................	la valeur	8 p. 100
Médicaments composés.....................	»	5 p. 100
Savons autres que ceux de parfumerie......	les 100 kil.	2.50
Bougies de toute sorte.....................	»	8 »
Chandelles................................	»	4 »
Cirage....................................	»	10. »
BOISSONS.		
Boissons fermentées, vins ordinaires, de Gironde... en futailles	l'hectolitre	3.50
de Gironde... en verre...	»	15. »
de Provence, vins similaires communément appelés vins de côtes et vins de la Loire... en futailles	»	2.75
de Provence... en verre ..	»	10. »
d'ailleurs.. ... en futailles	»	4. »
d'ailleurs.. ... en verres..	»	20. »
Vin de liqueurs. de Champagne.............	»	35. »
Vin de liqueurs. Vermouth et autres.......	»	15. »
Bières .. Ale et Porter. en futailles......	»	5. »
Bières .. Ale et Porter. en verres.........	»	6. »
Bières .. Autres. en futailles......	»	3. »
Bières .. Autres. en verres	»	4. »
Jus d'oranges et autres jus de fruits.	»	5. »
Vinaigre de toute sorte................	»	1.50

DÉNOMINATION DES PRODUITS	Unités sur lesquelles portent les droits	DROITS
Boissons distillées — Eaux de vie, de mélasse (rhum et tafia).	l'hect. de liq.	25. »
Eaux de vie, de vin et de genièvre......	»	15. »
Eaux de vie, de cerises (kirsch).......	»	30. »
Liqueurs de toute sorte..........	»	30 »
Eaux minérales..................	la bouteille	04
VITRIFICATIONS.		
Poteries. De grès et de terre, faïences comprises	la valeur	3 p. 100
Poteries. Porcelaines.............	»	7 p. 100
Verres et cristaux. Bouteilles	le mille	7. »
Verres et cristaux. Dames-jeannes...........	la pièce	15
Verres et cristaux. Autres...............	la valeur	7 p. 100
FILS.		
Fils. de coton................	»	2 p. 100
Fils. de lin ou de chanvre............	»	3 p. 100
Fils. de laine..................	»	4 p. 100
Fils. de soie..................	»	7 p. 100
Fils. de toute sorte, filés d'or ou d'argent.	»	8 p. 100
TISSUS.		
Passementerie, rubannerie, bonneterie, dentelles, guipures, tulles blondes, mouchoirs brodés ou simplement ourlés, et autres broderies, linges de table, châles de toute sorte, couvertures et courtes-pointes, hamacs, rideaux, tapis, mèches, toiles cirées, quelle qu'en soit la matière première.	la valeur	4 0/0
Tissus autres que les précédents. de coton Mouchoirs de l'Inde dits Madras.....	la paire de 8 m.	3. »
de coton Mouchoirs de l'Inde dits Vandapolam	»	1.50
de coton Mouchoirs Autres en pièces ou séparés	le mouchoir	01
de coton Autres. simple largeur........	le mètre	15
de coton Autres. double largeur	»	25
de lin ou de chanvre pur ou non Mouchoirs en pièces	la paire de 12 m.	30
de lin ou de chanvre pur ou non Autres simple largeur	le mètre	04
de lin ou de chanvre pur ou non Autres double largeur	»	06
de laine pure Drap façonné ou uni.......	»	20
de laine pure Autres simple largeur......	»	08
de laine pure Autres double largeur.....	»	12
de soie ou bourre Foulards...........	la paire de 7 foul.	1. »
de soie pure ou non Autres..............	le mètre	40

DÉNOMINATION DES PRODUITS	Unités sur lesquelles portent les droits	DROITS
Tissus autres que les précédents — de végétaux filamenteux non dénommés et de crin..................	la valeur	4 p. 100
(Nota) Est réputée double largeur celle qui dépasse un mètre.		
Vêtements confectionnés en tout ou partie — coton ou lin...	»	3 p. 100
laine ou soie ..	»	7 p. 100
PAPIER ET SES APPLICATIONS.		
Papier à écrire — Registres — Cahiers simplement cousus........	le mille	4. »
carnet de poche.............	la pièce	05
autres — blancs ou simplement rayés en travers..	»	10
rayés et bâtonnés pour livres de commerce..............	»	20
Enveloppes de toute sorte.........	le cent	08
autres de toute sorte..............	la rame	40
Papiers peints pour tentures, ceux pour bordures compris.....	le rouleau	15
Cartes à jouer...........................	le jeu	30
(Nota) Les cartes pour jeux d'enfants sont assimilées à la bimbeloterie.		
Livres de toute sorte, carton, cartes, et papiers autres que ceux dénommés ci-dessus.	la valeur	5 p. 100
OUVRAGES EN MATIÈRES DIVERSES.		
Peaux préparées — cuirs à semelles..........	le kil. net	10
cirées et basanes.........	»	18
vernies...................	»	40
Ouvrages en peau ou en cuir — objets de harnachement des bêtes de gros trait et de labour,	la valeur	2 pour 100
sellerie — selles	la pièce	3. »
autre — harnais complet pour voiture (par collier)	»	8. »
articles divers s'y rattachant........	la valeur	6 p. 100
Ouvrages en peau ou en cuir — chaussures de toute sorte — bottes (1)...........	la paire	80
bottines p. hommes, femmes et enfants	»	36
souliers et pantoufles	»	33
découvertes p. bébés	»	10
gants................................	»	13

(1) On entend par :
Bottes les chaussures enfermant le pied

DÉNOMINATION DES PRODUITS	Unités sur lesquelles portent les droits	DROITS
Chapeaux { de soie, chapeaux d'étoffe, dits casques, et autres chapeaux de paille, dits panamas et leurs similaires....................	la pièce	60
de fibres de palmiers et leurs similaires....................	le cent	2. »
autres de toute sorte..........	la pièce	30
Cordages { goudronnés....................	les 100 kil. b	2.50
autres (ficelle comprise).......	»	3.50
Liège ouvré (bouchons)....................	les 100 k. n.	9. »
Orfèvrerie et bijouterie d'or et d'argent.....	la valeur	10 pour 100
Horlogerie....................	»	8 p. 100
Machines et mécaniques { de toute sorte destinées à l'agriculture ou à la fabrication du sucre et pièces détachées de ces machines.	»	2 p. 100
à coudre avec ou sans support à pédale { machine à main	la pièce	2. »
machine avec pédale......	»	5. »
autres de toute sorte........	la valeur	5 p. 100
Instruments aratoires { houes et coutelas............	la douzaine	50
pelles et pioches { emmanchées........	»	60
non emmanchées....	»	50
autres....................	la valeur	2 p. 100
Armes { de guerre....................		prohibées
de commerce { fusils ou carabines....	la pièce	5. »
pistolets ou revolvers...	»	2.50
autres (armes blanches comprises)........	la valeur	7 p. 100
Coutellerie....................	»	6 p. 100

et la jambe et quelquefois une partie de la cuisse ;

Bottines, les chaussures à boutons, lacets ou élastiques, qui, enveloppant la naissance de la jambe, recouvrent plus ou moins complètement la cheville ;

Souliers, les chaussures qui couvrent le pied seulement et laissent la cheville libre. Parmi les chaussures de l'espèce, on devra ranger les souliers dits napolitains.

DÉNOMINATION DES PRODUITS			Unités sur lesquelles portent les droits	DROITS
Ouvrages en métaux	en fer	chaînes à bœufs......	les 100 kil. b.	1.50
		clous { à barriques..,	»	1.50
		clous { autres (pointes comprises)	»	3. »
		autres	»	3. »
	en fonte	chaudières à sucre...	»	60
	en fonte	poteries.............	»	2.50
	en fonte	autres	»	2. »
	en cuivre pur ou allié de zinc ou d'étain.............		»	10. »
	en plomb	tuya x	»	3. »
	en plomb	grenailles	»	3.50
	en zinc (clous).........		»	5. »
Voitures	suspendues.............		la pièce	100. »
	pièces de rechange pour voitures suspendues.................		la valeur	7 p. 100
	tombereaux, camions, chariots, wagons de chemins de fer et leurs pièces de rechange		»	2 p. 100
Embarcations	en état de servir	bâtiments de mer à franciser..........		exempts
	en état de servir	chaloupes, canots et pirogues..........	la pièce	15. »
	en état de servir	coques de pirogues.	»	3. »
	à dépecer.................		la valeur	3 p. 100
Futailles vides de toute sorte, montées ou démontées, avec ou sans leurs cercles et leurs fonds.................			la pièce	25
Allumettes chimiques.................			la grosse de 144 b. de 50 all. ch.	1.50
Bimbeloterie	voitures d'enfants.............		la pièce	5. »
	autre de toute sorte.............		la valeur	6 p. 100
Parapluies et parasols	de soie pure ou non		la pièce	60
	de laine ou de coton......		»	15
Modes	chapeaux garnis.............		»	1.50
	id. non garnis..........		»	30
	articles divers.............		la valeur	5 p. 100
Instruments de musique	pianos		la pièce	75. »
	harmoniums. harmoniflûtes et harmonicors.................		»	50 »
	accordéons, concertinos de toute forme.................		»	5. »
	harpes, violons, guitares, violoncelles et autres instruments à corde		»	10. »
	instruments à vent, en bois ou en métal, avec ou sans clés, pistons, coulisses..........		la pièce	6. »
	autres.................		la valeur	7 p. 100

(Nota). Les instruments de musique pour jouets d'enfants rentrent dans la bimbeloterie

DÉNOMINATION DES PRODUITS	Unités sur lesquelles portent les droits	DROITS
Meubles — sièges — canapés de toute sorte..	la pièce	5. »
Meubles — sièges — fauteuils et berceuses...	»	2. »
Meubles — sièges — chaises — foncées en paille....	»	85
Meubles — sièges — chaises — autres...	»	1. »
Meubles — autres............	la valeur	7 p. 100
Marchandises non dénommées au présent tarif............	»	5 p. 100

Ainsi, tous les produits métropolitains, toutes les denrées et marchandises que nous exportons de France dans nos colonies sont indistinctement frappés de taxes d'octroi de mer, comme les produits étrangers ; et comme ces taxes rapportent à la Martinique 1,200,000 fr. sur un total de 25 millions de produits importés, il faut en conclure que les produits français, qui entrent pour 12 millions environ dans cette importation, supportent un impôt d'environ 575,000 fr., soit un peu plus de 4 1[2 0[0 de la valeur.

Aussi, qu'arrive-t-il ? C'est qu'en 1860 nos produits entraient dans l'approvisionnement de nos trois grandes colonies pour environ 67 millions, et qu'aujourd'hui nous leur en envoyons à peine pour 32 millions.

De pareilles conséquences ne comportent pas de commentaires.

Mais ici on peut nous faire cette objection : si vous touchez à l'octroi de mer, si vous rétablissez les tarifs de douane, si vous modifiez le régime commercial et budgétaire de nos colonies, vous allez porter une cruelle atteinte, non pas à la prospérité coloniale, mais aux ressources financières qui alimentent leurs budgets.

Entendons-nous : il ne s'agit sans doute plus ici, comme l'a prétendu l'honorable représentant de la Guadeloupe dans le 5ᵉ bureau, de faire peser sur le budget de la Métropole une charge de 13 à 14 millions, en remplacement de certains droits d'octroi de mer, si le régime douanier de la Métropole était appliqué aux produits étrangers, à leur entrée dans les colonies ; car d'un côté, ce n'est pas aux budgets coloniaux que revient l'octroi de mer, mais aux budgets des communes entre lesquelles il est reparti, et, d'un autre côté, on peut même se demander si l'application de ce régime n'apporterait pas aux budgets coloniaux un supplément de ressources, puisque la proposition de loi de M. Peulevey demande qu'on leur fasse l'abandon des droits de douane ; et il est bien certain que la perception de ces droits n'écarterait pas d'une manière absolue la totalité des produits étrangers.

Sans doute, on peut faire observer que l'addition des droits de douane aux taxes d'octroi de mer pourrait quelquefois, en ce qui concerne les produits étrangers, peser sur le consommateur. Nous admettons cette remarque. Mais tout en n'étant pas partisan de l'octroi de mer, nous n'allons pas jusqu'à réclamer sa suppression. Nous nous demandons seulement s'il n'y aurait pas lieu, dans un délai donné, de le règlementer, de le limiter à certains produits et de déterminer le maximum des taxes par un tarif spécial à chaque colonie ? Les résultats produits par l'application des droits de douane guideraient dans ce travail. Ces droits nouveaux permettraient peut-être de couvrir le déficit qni pourrait se trouver dans les recettes. Du reste, s'il fallait recourir à quelque autre mode de contribution, ce que le contribuable aurait à supporter par ailleurs, il le retrouverait avec larges bénéfices, au double titre de consommateur et de producteur, par l'entrée libre des produits qui lui sont nécessaires, par la qualité supérieure de ces produits et par l'extension naturelle de ses relations avec la Métropole ?

D'ailleurs, nous le répétons, ce cri d'alarme au point de vue du budget colonial, à l'occasion du rétablissement des tarifs de douane sur les produits étrangers, n'a pas de raison d'être. Le résultat, ainsi que nous venons de le dire, ne pourrait s'en faire sentir que par voie de répercussion sur les recettes de l'octroi de mer. Or, ce n'est pas le budget colonial qui profite de ces recettes, mais le budget *communal,* et nous serions curieux de savoir quelles sont les charges de ces budgets communaux par rapport à celles qui pèsent sur nos communes de France.

Mais ce n'est pas le point important de la question ; ce qu'il faut particulièrement rechercher, c'est si l'indépendance administrative et financière qui ressort pour nos colonies du sénatus-consulte de 1866 a été un bienfait pour ces colonies ; si cette sorte d'amputation qui dit aux membres de marcher sans le corps n'a pas été plus désastreuse encore que le pacte colonial, tout injuste qu'il fût, voilà, à notre sens, ce qu'il importe d'examiner.

Les recettes des budgets coloniaux (et nous n'entendons parler ici que des trois grandes colonies régies par le sénatus-consulte de 1866) se composent particulièrement : 1° des droits d'octroi de mer sur tout ce que l'île importe ; 2° des droits de sortie sur à peu près tout ce que l'île exporte ; 3° de l'impôt sur les spiritueux ; 4° de certaines contributions spéciales, droits de timbre, de patentes, d'impôts sur les maisons, etc.

Nous ne parlerons de ces dernières que pour constater l'abandon qu'en fait la Métropole à la colonie ; et de l'impôt sur les spiritueux nous ne dirons qu'un mot, c'est qu'il procède d'une législation draconienne qui oblige le distillateur à entretenir un garnisaire de l'administration dans son domicile, et à ne vendre ses produits que dans les dépôts de cette administration. Mais, ce qui nous frappe plus particulièrement, ainsi que nous l'avons dit dès le début, c'est l'octroi de mer à l'entrée, et c'est aussi le droit de sortie sur les principaux produits.

Voici ce que nous écrivait dernièrement un des principaux habitants de la Réunion : « Les maisons anglaises nous inondent de leurs tissus de mauvaise qualité, et comme aucun droit de douane ne protège les tissus français, on n'en trouve plus dans la colonie, bien qu'ils soient d'une qualité bien supérieure et d'un prix égal à ceux de l'Angleterre. Les tulles de Tarare, par exemple, et de Saint-Quentin, sont du même prix, mais bien meilleurs que les tulles anglais. On n'en trouve point ici, parce que les fabricants ne nous les apportent pas. Il en est de même des cotonnades de Roanne et de Rouen, des toiles perses, de la coutellerie, des allumettes, et même, le croirez-vous, du sel !... on ne trouve ici presque que du sel d'Angleterre !... Quant aux articles qui paient un impôt en France, c'est bien plus fort ; nous sommes inondés de papiers belges et anglais. C'est pis encore pour la bijouterie. Comme l'octroi de mer frappe de 11 0[0 toute la bijouterie sans distinction, la fabrication française qui a à payer 40 centimes par gramme pour droit de contrôle ne peut lutter contre la bijouterie étrangère, non contrôlée. Aussi est-on constamment volé sur le titre des bijoux qu'on achète, et qu'il n'y a dans l'île aucun moyen de vérifier. »

« Mais c'est au point de vue des entraves qu'il apporte à l'industrie que l'octroi de mer produit les plus désastreux effets. Comme il frappe tout ce qui entre dans toute l'île, il n'y a pas de territoire franc ; on n'y peut pas construire d'usine *hors barrière* en quelque sorte, et il écrase toute production, grevant les matières premières destinées à la campagne comme celles destinées aux villes, les machines industrielles, les outils, les métaux, les briques, les tuiles, les pierres, etc., etc... Aussi n'avons-nous point d'industrie et faut-il voir dans cette organisation financière la principale cause de la détresse dans laquelle l'île se débat. D'autre part, les villes de la colonie n'ayant point de barrière à leurs portes, n'ont aucun intérêt à attirer des habitants par des embellissements, des commodités que l'on considère ailleurs comme nécessaires, l'éclairage des rues, par exemple. Le produit de l'octroi sur un kilogramme de viande se partagera également entre toutes les communes de l'île, au prorata de leur population, que cette viande se consomme au cœur de Saint-Denis ou bien au sommet du piton des Neiges. Et là encore les principes sont violés, puisque ce ne sont pas les communes auxquelles il profite qui votent cet octroi, mais bien le conseil colonial ; elles ne peuvent même pas s'en débarrasser lorsqu'elles y ont intérêt. »

« Cet octroi de mer, je le répète, est un véritable fléau. Il frappe même les chevaux, les mulets et les chiens, ce qui fait que nous sommes envahis de mauvais chevaux d'Australie et qu'il ne nous en arrive pas un seul d'Algérie, où se trouve pourtant la race qui conviendrait le mieux à notre climat et à nos montagnes. (Car, quoi qu'on en ait dit, il n'y a pas un seul cheval à Madagascar.) Pour le riz, qui est la base de la nourriture, nous n'en allons point chercher en Cochinchine. Les Anglais nous envoient toute notre consommation de l'Inde. Un simple tarif différentiel mettrait fin à cette situation qui aboutit à ce que la France n'entretient des colonies que pour le plus grand profit de l'Angleterre.

« J'arrive aux droits de sortie qui ne sont que la contre-partie de l'octroi de mer : comment nos sucres, qui sont notre principale production, nos cafés, nos vanilles, nos girofles et nos muscades pourraient-ils soutenir la concurrence sur les marchés d'Europe avec les produits de l'étranger ? La distance où nous sommes enchérit déjà leur prix de revient, et il faut qu'ils supportent encore *quatre pour cent* de droits de sortie. Pour les rhums (tafias), c'est beaucoup mieux : nous ne pouvons plus en exporter à Madagascar qui était notre grand débouché, parce que Maurice a mis une prime à l'exportation des siens !...

« Et voilà à quoi sert cette autonomie commerciale que la métropole subit et tolère ! »

Nous ne croyons pas qu'il y ait de commentaires à ajouter à de pareilles observations, et la seule réflexion qu'on puisse faire, c'est que nos colonies sont trop petites, trop fermées, trop empreintes peut-être de leurs vieux souvenirs et de l'esprit de particularisme, pour abandonner leurs prérogatives et s'inspirer des lois qui régissent le mouvement commercial moderne.

Voilà pourquoi nous demandons que la métropole reprenne l'exercice de son droit de souveraineté dans tout ce qui concerne le régime commercial et douanier de ses colonies ; qu'elle décide, conformément à la proposition de M. Léon Peulevey, que son tarif de douanes sera chez elles applicable aux produits étrangers qu'elle décide de plus que dans un délai de deux ans, par exemple, les tarifs d'octroi de mer soient soumis à une revision, et que les votes des conseils coloniaux ne soient exécutoires qu'en vertu d'une loi ou d'un décret du Président de la République, le Conseil d'Etat entendu.

§ III

ALGÉRIE

Et maintenant, si de nos trois grandes colonies, régies par le sénatus-consulte de 1866, nous passons à l'examen de la législation commerciale et douanière de notre grande possession africaine, l'Algérie, qu'on appelle le prolongement de la France, nous n'y trouverons pas une absence aussi complète du droit de souveraineté : diverses lois, et notamment la loi du 17 juillet 1867, ont réglé le régime douanier de l'Algérie ; et si l'octroi de mer y subsiste encore, il n'y subsiste du moins que réglementé par l'ordonnance organique du 21 décembre 1844 qui a réglé le tarif de perception de cet octroi, et par le décret du 25 septembre 1880, qui a modifié ce tarif dans de notables proportions ; mais le régime commercial de la métropole n'en est pas moins considérablement atteint et compromis dans ses intérêts les plus directs.

L'exposé des motifs de la proposition de loi soumise à la Chambre par M. Léon Peulevey fait particulièrement remarquer que la loi de 1867, contrairement aux dispositions de la loi du 11 janvier 1851, prend pour base ce principe que les produits étrangers, non énumérés aux tableaux annexés à ladite loi, seront admis en franchise dans les ports de l'Algérie. Et comme les fontes, fers en barres et rails, fils de fer, acier en barres, etc., sont compris au tableau B, comme devant être admis moyennant le tiers des droits applicables dans la métropole, l'auteur de la proposition s'applique à en faire ressortir les conséquences et il établit que la métallurgie française est dans l'impossibilité de lutter contre la métallurgie étrangère. Il signale qu'en 1880 l'importation de ces produits, en Algérie, a été de 908 tonnes pour la France, et de 12,025 tonnes pour l'étranger ; que pour 1881 l'importation pour la France n'a été que de 615 tonnes, tandis que les produits importés ont atteint 22,314 tonnes. Ce chiffre comprend notamment les importations de rails d'acier qui ont été l'objet de statistiques contraires apportées à la tribune de la Chambre dans une discussion relative au projet de loi portant concession du chemin de fer de Bougie à Beni-Mançour, et il importe sans doute de les vérifier de nouveau.

Le chiffre cité par l'honorable M. Villiers, pour l'importation des rails d'acier *étrangers* en Algérie, en 1881, et qui était de 12,789 tonnes *a été contesté par* M. Sarrien, rapporteur du projet de loi, qui a indiqué les chiffres suivants, *relatifs à l'année 1882* (et non à l'année 1881, ce qui explique déjà le défaut de concordance) :

1° Quantités *venues de France* :

En simple exportation, néant ; après admission temporaire, 9,575 tonnes ;

2° Quantités *venues de l'étranger*, 1,233 tonnes.

Et il en conclut que les produits de l'industrie française *brillent avec succès* contre la concurrence étrangère.

Nous indiquerons tout d'abord que les chiffres mis en avant par l'honorable M. Sarrien ne concordent pas tout à fait avec les chiffres extraits du *Tableau général du commerce de la France et de ses colonies* pour l'année 1882.

Voici en effet quels sont ces chiffres.

Importations de rails d'acier en Algérie :

1° *Importations françaises* (Commerce spécial des exportations de France, p. 341), néant ;

2° *Importations étrangères* (Tableau du commerce de l'Algérie avec l'étranger, importations, p. 700), 12,251 tonnes.

Nous ferons toutefois remarquer que ce chiffre, que nous relevons dans le Tableau du commerce de l'*Algérie avec l'étranger*, y figure sous la désignation de provenance ENTREPÔTS, et nous reconnaissons qu'il comprend, avec les rails étrangers qui sont expédiés de France après transit ou transbordement, les rails exportés de France en compensation de fonte introduite sous le régime de l'admission temporaire, car ces divers produits, dans les documents de la douane, sont confondus dans un seul chiffre : mais il n'en faut pas moins retenir que la dénomination de *produits français* appliquée aux rails exportés de France, en décharge d'acquits, n'est pas conforme à la classification officielle qui prend soin, avec juste raison, de faire figurer ces rails parmi les *produits étrangers*. Et, en effet, est-ce que ces produits pourraient demeurer en France, hors des entrepôts, sans acquitter des droits ? Ce ne sont donc pas des produits français. Ils ne sont pas complètement non plus des produits étrangers, mais la douane a eu raison de les classer ainsi parce que le produit fini représente pour les deux tiers un travail étranger, et pour un tiers seulement de sa valeur, un travail français.

Si maintenant nous nous reportons au *Tableau spécial* des admissions temporaires, p. 463 du *Tableau général* du commerce de la France, pour savoir quelle est, dans le chiffre de 12,251 tonnes que nous avons indiqué pour les importations étrangères, la quantité des rails d'acier, réexportés de France, en décharge d'acquits, nous trouvons 10,808 tonnes, au lieu de 9,575 (chiffre indiqué par M. Sarrien), d'où l'on déduit (en défalquant 10,808 de 12,251) que les exportations de France, après transit ou transbordement, ont été de 1,443 tonnes au lieu de 1,233 (chiffre indiqué par M. Sarrien).

Et puisque nous en sommes sur la question des quantités *étrangères*, réexportées de France en décharge d'acquits, nous croyons devoir faire remarquer ici qu'en demandant l'assimilation de l'Algérie à la métropole, pour l'application des tarifs de douane aux produits étrangers, et particulièrement aux fers et aciers, l'auteur de la proposition a, croyons-nous, parfaitement entendu que si les droits de douane sont perçus comme en France, l'Algérie ne pourra plus être considérée comme un lieu d'exportation pour les produits admis à l'importation temporaire, et l'article 30 de la loi du 16 mai 1869 sera abrogé.

Mais ici se présente un autre ordre d'idées et d'argumentation : « Je crois pouvoir affirmer, disait l'honorable M. Balhaut, sous-secrétaire d'Etat aux travaux publics, dans la même discussion, que les rails français arrivent actuellement en Algérie *à un prix moins élevé que les rails de provenance étrangère.*

« On peut avoir en France, disait-il, des rails à 140 fr.,
« et en tenant compte du drawback, le prix s'abaisse
« à 125 fr. »

« Or la maison Cockerill a pris des rails à 107 fr. 50 et
« les usines du Rhin à 108 fr. ; et. si vous ajoutez les
« frais de transport et les droits d'entrée en Algérie, vous
« arrivez à un chiffre de 135 à 138 fr. »

Telle a été l'argumentation, ou plutôt l'affirmation de
M. Baïhaut, reproduite par M. le rapporteur et confirmée
par M. Lebaudy qui, dit-on, est à la tête d'une usine très
importante dans le Nord : Or, disaient ces messieurs,
dans de telles conditions, *l'industrie française peut lutter et
lutter victorieusement contre la concurrence étrangère.*

Voyons ce qu'il y a de vrai dans de pareilles affirma-
tions :

Le marché auquel l'honorable M. Sarrien a fait allusion
a été conclu avec les chemins de fer corses, et le prix
auquel la Société des aciéries de France a été déclarée
adjudicataire est de 174 fr. 90 la tonne, rendue en Corse.

Pour déduire de ce prix d'adjudication un prix à l'usine
de 140 fr., il faut admettre 34 fr. 90 de frais de transport
de l'usine d'Aire (Pas-de-Calais) qui doit livrer la fourniture
au lieu de livraison. Or nous ne craignons pas d'affirmer
que c'est là une évaluation tout à fait exagérée, et qu'il
faut aisément la réduire au chiffre de 25 fr., comme suit :

De l'usine au port d'embarquement . . . . 5 fr.

Du port d'embarquement aux ports de la
Corse où doit avoir lieu la livraison, frais compris, à port. . . . . 20 »

Total. . . . . 25 »

Par conséquent, le prix à l'usine, correspondant au
prix d'adjudication de 174 fr. 90, ne peut pas être moindre
de 150 fr., au lieu de 140 fr,

Mais ce n'est pas tout estimer à 15 fr. le bénéfice réalisé
par l'exportateur sur la négociation de son acquit, c'est
faire un autre genre d'exagération. 15 fr. représentent
exactement le droit sur la fonte ; mais il n'est personne

qui ne sache que la prime dont bénéficie l'exportateur ne peut être égale à ce droit, et qu'il faut en déduire le prix de vente du pouvoir, soit au moins 2 fr. 50 à 3 fr., ce qui fait que le prix des rails d'acier français, destinés à la réexportation, en décharge d'acquits, doit être estimé *au minimum*, comme suit : *Prix à l'usine en France* : 150 fr. — 12 à 13 fr.; soit, *au minimum* 137 fr. 50, alors que de l'aveu même de MM. Sarrien et Baïhaut, les rails étrangers ne reviennent *en Algérie* qu'à 135 fr. la tonne, droits payés.

Donc, et en admettant que le prix de transport pour l'Algérie ne soit pas un peu plus élevé que pour la Corse, et en le maintenant à 25 fr,, le prix des rails français rendus en Algérie et bénéficiant du drawback. ne peut être moindre de 162 fr. 50 quand les rails étrangers n'y reviennent qu'à 135 fr. !...

Est-ce bien dans de pareilles conditions que l'on a pu dire que *l'industrie française peut lutter et lutter victorieusement contre la concurrence étrangère dans notre colonie ?*

On demeure stupéfait des efforts que font des *Français* pour arriver à ces sortes de démonstrations ; et l'on n'en trouve d'explication que dans cette pensée que la théorie du libre-échange absolu cherche à se venger dans les colonies des quelques droits compensateurs que les lois de douane et les traités établissent au profit de la métropole.

Mais les observations qui précèdent ne s'appliquent qu'à l'industrie de la métallurgie ; et nous devons immédiatement faire remarquer que le chiffre des importations étrangères, en Algérie, pour 1882, s'élève à environ 90 millions de francs ; et si nous déduisons de ce chiffre les articles étrangers que nous ne produisons pas, ceux qui d'après la proposition de loi doivent demeurer affranchis ou rester sous le régime d'un tarif spécial, on peut approximativement calculer, comme le fait la Chambre de commerce du Havre, qu'avec le changement de législation proposé, la concurrence des produits français pourrait efficacement s'exercer sur un minimum de 35 millions environ. Et n'est ce rien que ce chiffre, notamment pour l'industrie des peaux préparées et ouvrées, pour celle des meubles, de la brosserie, de la parfumerie, de la bimbeloterie et de tant d'autres produits ?... 35 millions de ce côté, 35 millions de plus pour nos colonies des Antilles et de la Réunion, voilà les débouchés qui nous appartiennent et qu'il faut conserver comme une dépendance de la métropole, pour la consommation intérieure !

N'y a-t-il pas là la justification suffisante de la proposition de loi que nous examinons en ce moment ?

Et ce n'est pas tout : nous n'avons envisagé jusqu'ici la législation de l'Algérie qu'au point de vue de son régime douanier ; mais il y a aussi, comme pour nos trois colonies des Antilles et de la Réunion, la question de l'octroi de mer, et si l'application des tarifs de douane aux produits étrangers ne doit pas exercer en Algérie la même influence qu'aux autres colonies sur les résultats de l'octroi de mer, par le motif que ce dernier impôt est réglementé et contrôlé, nous n'en devons pas moins, croyons-nous, appeler toute l'attention de nos législateurs sur cette partie de notre législation coloniale.

L'octroi de mer, pour l'Algérie, a donné pour l'année 1882, un produit net de 7,210,381 fr. 10. Mais ainsi que le constate le rapport de M. le gouverneur général de l'Algérie au conseil supérieur de gouvernement, dans sa session du mois de novembre 1883, cet impôt tend à décroître dans des proportions assez considérables, et ce par un motif qu'il nous paraît intéressant de faire connaître : « Ce résultat, dit M. le gouverneur (725,493 36 de déficit sur les trois premiers trimestres), n'a rien qui doive surprendre. Bien que le chiffre des importations générales de la colonie augmente chaque année, l'importation de certains produits qui alimentaient largement l'octroi de mer, est en voie de diminution ; le développement que prennent certaines industries, notamment *celle de la fabrication des alcools*, contribue à cet état de choses. Mais la cause la plus importante, celle qui a exercé le plus d'influence sur les diminutions constatées, réside dans l'extension qu'a prise dans la colonie la culture de la vigne. Des renseignements recueillis par le service des douanes, il résulte que les importations de vins de toute provenance qui, pendant le premier semestre de l'année dernière (1882), atteignaient encore 164,383 hectolitres, sont descendues à 110,176 hectolitres pendant la période correspondante de 1883. La moins-value, sur ce seul article, est donc de 271,035 fr., et comme elle correspond à une augmentation importante du chiffre des exportations de vins du pays, il est permis d'affirmer que ce n'est pas là un fait accidentel, mais uue conséquence naturelle du développement de l'industrie viticole. »

Eh bien, sans nous occuper du budget de l'Algérie, et sans rechercher quels pourront être, au point de vue de ce budget, les résultats que M. le ministre des finances peut attendre des dispositions de la loi de finance qu'il présente pour 1885, d'après lesquelles il serait perçu en Algérie une taxe de consommation de 100 francs par hectolitre d'alcool pur: 1° sur les spiritueux de toute espèce fabriqués dans la colonie ; 2° sur les spiritueux *importés dans la colonie*, ce qui pour nous signifie que l'octroi de mer sera porté de 40 à 100 francs; sans nous préoccuper, disons-nous, des conséquences budgétaires de ces dispositions, nous voulons seulement retenir ceci : c'est que l'octroi de mer frappe en ce moment d'un droit de 40 francs (éventuellement de 100 francs) par hectolitre d'alcool pur, à l'entrée en Algérie, les alcools et leurs dérivés, quelle qu'en soit la provenance, *française* ou *étrangère* et que les vins français acquittent un droit de 5 francs, tandis que les vins algériens pénètrent librement en France.

C'est cet état de choses que nous voulons envisager, et nous n'en dirons que quelques mots :

Ainsi, en Algérie, province française, les alcools étrangers sont assimilés aux nôtres ; ils ne paient ni les droits compensateurs des primes de sortie accordées par le gouvernement allemand, ni les droits de douane auxquels ils seraient soumis en France. Ils peuvent revenir, et c'est en effet ce qui se passe, ils reviennent sous forme de vins vinés à 15°, et ces vins concourent, avec les vins d'Espagne et d'Italie, à ruiner nos industries nationales, sans être soumis, comme les vins étrangers, au droit de douane. Ainsi encore, dans notre colonie algérienne, le vinage par les alcools français ou étrangers, surtout étrangers, peut aisément se pratiquer, du moins avec les droits actuels, quand il est rendu impraticable en France par l'énormité des droits de consommation. Voilà ce que produit une législation imprévoyante : l'Algérie *se protégeant contre les produits français*, et nous *expédiant en franchise* non seulement ses produits, mais ses produits mélangés *de produits étrangers*.

Nous ne craignons pas de le dire, si cette législation pouvait être maintenue, l'accroissement des distilleries dont parle M. le gouverneur, et qui travaillent non pas seulement des produits du sol algérien, mais des matières premières de provenance étrangère, ne tarderait pas à prendre un développement considérable, et leur production suffirait bientôt à la consommation de la colonie et au vinage des vins. Un pareil régime, au lieu de créer un revenu pour la colonie, ne constituerait plus alors qu'une barrière protectrice de quelques intérêts particuliers contre l'intérêt général de l'industrie, du commerce et de la marine de la métropole.

Nous ne pouvons croire que le Parlement, éclairé sur cette situation, ne cherche pas tous les moyens d'y apporter un prompt remède, et nous estimons que jamais occasion ne se présentera plus favorable que celle qui lui est offerte par l'examen de la proposition de M. Léon Peulevey.

Du reste, il ne faut pas oublier que le tarif de l'octroi de mer, tel qu'il fonctionne actuellement en Algérie, n'avait été autorisé par le décret du 25 octobre 1880 que *jusqu'au 1er janvier 1884*, et que ce n'est qu'en vertu d'une prorogation provisoire que la perception continue.

Disons-le donc avec confiance, l'octroi de mer est condamné, comme contraire à l'essence même de toute législation économique.

« Vouloir donner à l'octroi de mer, disait dernièrement M. Fournier, conseiller de gouvernement au conseil supérieur de l'Algérie, la physionomie d'une taxe protectrice, c'est l'atteindre dans sa source même, dans sa légitimité, et c'est exposer son existence à un danger des plus réels. *Il est inadmissible, en effet, qu'en l'état du régime économique qui régit l'Algérie, comme la France, on puisse en détail contrarier la législation générale du pays.* »

« Il est d'autant plus nécessaire d'être réservé à ce point de vue, ajoutait M. Fournier, qu'en 1880, quand le conseil d'Etat a été appelé à trancher la question de prolongation des tarifs, il a lui-même, et le texte du décret le prouve, *relevé le caractère anormal de l'octroi de mer.* Laissez-moi vous lire deux des considérants insérés au décret :

« Considérant que l'octroi de mer, tel qu'il existe en
« Algérie, n'est pas un droit d'octroi proprement dit,
« puisqu'il ne frappe pas les objets produits à l'intérieur ;
« QU'IL EST PLUTÔT UN DROIT DE DOUANE ATTEIGNANT LES PRO-
« DUITS MÉTROPOLITAINS ; *qu'il constitue dès lors, dans notre*
« *système financier, une anomalie destinée à disparaître, dès que*
« *l'établissement des contributions directes en Algérie y permettra la*
« *perception de centimes additionnels au profit des communes ;*
« Considérant que, dans ces circonstances, la modifica-
« tion au tarif de l'octroi de mer en Algérie ne saurait être
« autorisée pour une durée illimitée,.........»

« Vous voyez, ajoutait M. Fournier, *que la perception de l'octroi de mer n'est plus qu'une question de jours !...*»

Une question de jours pour la suppression de l'octroi de mer, tel est le résultat auquel nous a conduit l'étude du régime fiscal et budgétaire de notre grande colonie, l'Algérie ; et si cette suppression doit être prononcée ; s'il faut chercher ailleurs les ressources indispensables pour alimenter son budget, nous pouvons aisément affirmer que ce qui est mauvais à nos portes, ce qui compromet le mouvement de nos échanges et restreint les débouchés du marché métropolitain, est également mauvais dans nos colonies des Antilles et de la Réunion, et que, par conséquent, il faut y appliquer le même remède, c'est-à-dire décréter un autre régime fiscal et budgétaire.

Quant à nous, nous n'avons point eu la prétention d'élaborer une proposition de loi sur ce sujet ; c'est affaire au gouvernement ; et si nous avons parlé de l'octroi de mer, c'est parce que nous l'avons rencontré sur notre route, et qu'il pouvait être nécessaire d'écarter l'argument que quelques-uns voudraient en tirer contre la proposition de loi qui fait l'objet de notre examen.

Ce que nous avons voulu faire, c'est démontrer que le régime douanier de nos colonies, ne peut être abandonné à l'arbitraire des conseils coloniaux; c'est, sans demander la suppression de l'octroi de mer, mais seulement la modification de son assiette, établir qu'en matière de douane et d'impôts, aucune partie du territoire français, si éloignée qu'elle soit, ne peut être affranchie du lien de souveraineté qui appartient à la mère-patrie; c'est enfin que le régime suivi depuis le sénatus-consulte de 1866 pour nos colonies et depuis la loi de 1867 pour l'Algérie, a porté le coup le plus funeste à un grand nombre de nos industries métropolitaines et qu'il y a la plus grande urgence à sortir de cette législation néfaste.

La proposition de loi déposée par M. Léon Peulevey et quelques-uns de ses collègues se présente donc tout naturellement à nous comme la conclusion logique et nécessaire de notre travail; et nous avons la confiance profonde qu'elle sera favorablement accueillie par tous ceux qui ont le souci des véritables intérêts du pays.

PROPOSITION DE LOI

ARTICLE 1er

Les colonies auxquelles s'applique le sénatus-consulte du 4 juillet 1866 ne pourront, en aucun cas, remplacer les droits de douane par les droits d'octroi de mer. Ces colonies auront le même régime douanier que la métropole, et la perception des droits de douane, de même que celle des droits d'octroi de mer, se fera au profit de la colonie.

ART. 2.

Les produits étrangers, importés en Algérie par les ports de la Méditerranée, seront soumis aux mêmes droits que s'ils étaient importés en France.

Sont toutefois exceptés les produits étrangers énumérés dans les tableaux 3 et 4 de la loi du 11 janvier 1851, lesquels seront admis francs de droits en Algérie ; et ceux énumérés dans le tableau A de la loi du 17 juillet 1867, modifié par la loi des 19-25 mars 1875, qui demeurent soumis au tarif spécial dudit tableau. (Voir les annexes.)

ART. 3.

Sont également abrogées les dispositions du sénatus-consulte du 4 juillet 1866 et de la loi du 17 juillet 1867 dans ce qu'elles ont de contraire à la présente loi.

ANNEXES
(Loi du 11 Janvier 1851)

TABLEAU No III.

Produits étrangers nécessaires aux constructions urbaines et rurales

Bitumes solides purs, mélangés de terre et généralement tous les mastics bitumineux. — Bois à brûler. — Bois communs. — Carreaux en faïence. — Charbons de bois et de terre. — Chaux. — Etain. — Pierres à bâtir. — Pouzzolane. — Zinc à l'état brut ou simplement étiré ou laminé.

TABLEAU Nº IV.

Produits étrangers nécessaires à la reproduction animale et végétale.

Les graines pour semences. — Les fruits et les légumes frais. — Les plants d'arbres. — Les chevaux, étalons et juments. — Les taureaux et les vaches laitières. — Les béliers. — La race porcine.

TABLEAU A

(Lois du 17 juillet 1867 et du 19 mars 1875)

Tarif spécial :

	Les 100 kilog.
Sucres bruts de toute origine	20 fr.
Sucres raffinés de toute origine	30
Café	30
Poivre et piment en grains ou moulus . . .	15
Girofle (clous).	40
Griffes.	12
Cannelle de toute espèce et cassis lignea .	15
Muscade en coques.	50
— sans coques	75
Macis	75
Vanille	100
Tabacs en feuilles ou en côtes . .	20
— fabriqués.	40

Paris. — Imprimerie EDMOND ROUSSET, 7, rue Rochechouart

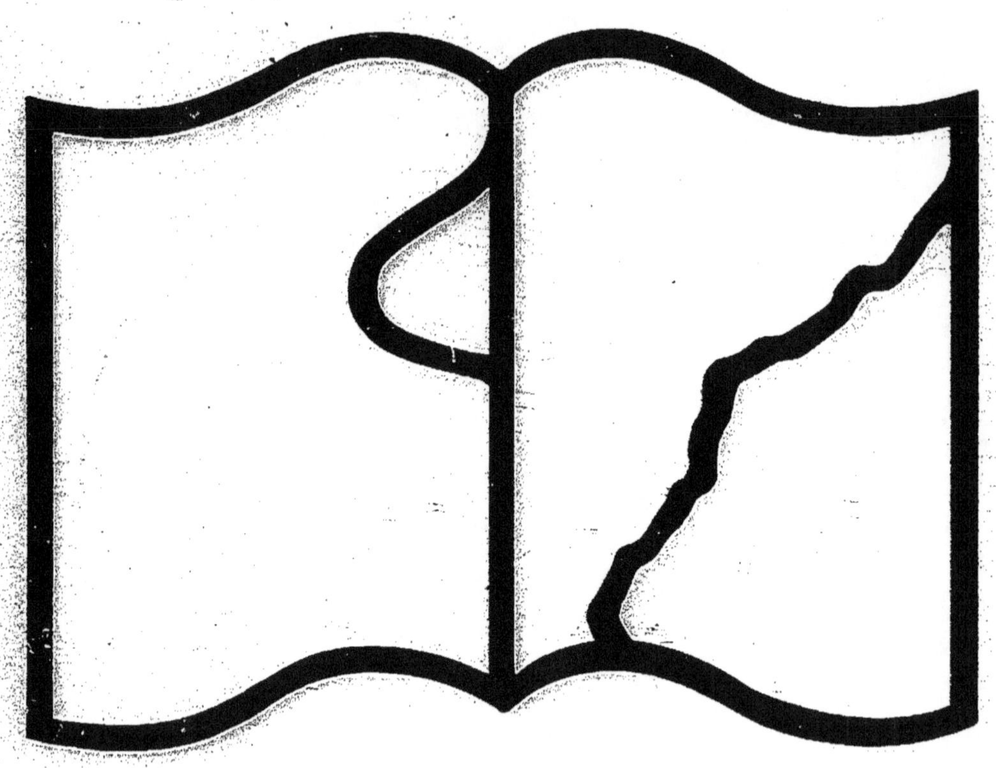

Texte détérioré — reliure défectueuse

NF Z 43-120-11

Contraste insuffisant

NF Z 43-120-14

www.ingramcontent.com/pod-product-compliance
Lightning Source LLC
Chambersburg PA
CBHW061229030726
47595CB00004B/1440